Inquietudes

Inquietudes

Efraín López Rodríguez

www.librosenred.com

Dirección General: Marcelo Perazolo
Diseño de cubierta: Daniela Ferrán
Diagramación de interiores: Julieta Lara Mariatti

Está prohibida la reproducción total o parcial de este libro, su tratamiento informático, la transmisión de cualquier forma o de cualquier medio, ya sea electrónico, mecánico, por fotocopia, registro u otros métodos, sin el permiso previo escrito de los titulares del Copyright.

Primera edición en español - Impresión bajo demanda

© LibrosEnRed, 2012
Una marca registrada de Amertown International S.A.

ISBN: 978-1-59754-833-5

Para encargar más copias de este libro o conocer otros libros de esta colección visite www.librosenred.com

Poemas patrióticos

A TI, MI BELLA GUATEMALA

En un lugar escogido de la América Central
donde cantan manantiales y cascadas de cristal,
donde ríos serpentean derrochando su caudal,
y el color de las llanuras es el verde del Quetzal.

Donde altivas las montañas y volcanes majestuosos
comparten con las colinas y lagos maravillosos
la brisa vivificante de dos mares rumorosos
bajo el influjo divino de cielos esplendorosos.

Donde brotan primorosas de muchísimos colores
y se aspira la fragancia de las más preciosas flores,
donde la naturaleza lanza al viento sus olores,
y la pulpa de las frutas brinda todos sus sabores.

Donde las aves canoras con sus cantos hacen fiesta,
y el murmullo que se escucha de esa inusitada orquesta,
cual arpegios melodiosos de arpa, lira o celesta,
deja ecos inmortales en la mística floresta.

Donde germina el maíz, con la papa y el frijol,
entre nubes de armonía pinceladas de arrebol,
bajo un sol magnificente y entre velos de tisú.
Ahí mi patria bendita, mi adorada Guatemala...

¡Ahí, naciste tú!

BANDERA DE MI PATRIA

Bandera de mi patria idolatrada
que ondeas cuando te acaricia el viento
como las olas del mar en movimiento
por el empuje de furtiva marejada.

Tú vistes el divino azul del cielo
el blanco inmaculado de las nubes,
y te han bordado manos de querubes
el sacro escudo con amor y celo.

Bendigo tu presencia y tus colores,
que inspiran que te brinden los honores
doquiera que te muestren en el mundo.

Y henchido el corazón de patriotismo
lanzando al viento mi optimismo,
te entrego mi cariño más profundo.

El quetzal

En lo más profundo del virgen boscaje,
tu verde plumaje con la luz destella;
cruzando el espacio cual veloz centella,
luces en tu pecho purpúreo celaje.

Ave sacrosanta por el cielo ungida,
símbolo perfecto de la libertad,
la altivez tú tienes de una majestad,
y una blanca pluma en tu ala escondida.

Desigual batalla en campos de Urbina
dio triste victoria a la lanza asesina,
pero los laureles en la historia están.

Y tú que volabas allá en las alturas
entre inmensas nubes de intactas alburas,
el alma tomaste de Tecún Umán.

Monja blanca

De las flores que ornamentan este mundo,
eres tú por la blancura inmaculada
de tus pétalos en mi mente comparada
con la espuma del inmenso mar profundo.

Con los copos de la nieve matutina
que blanquea la cima de las montañas,
y al mirarte tan bonita mi alma bañas
con tu albura esplendorosa y marmolina.

Símbolo eres de ese pensil sacrosanto
que es mi patria Guatemala, que amo tanto;
en el cielo, tu pureza han alabado…

y siendo la más bella entre las bellas,
la infinita población de las estrellas,
Monja Blanca con justicia te han nombrado.

LA MARIMBA

Cual murmullos celestiales
de aguas mansas cristalinas
que brotaran argentinas
de fuentes y manantiales,

es el eco melodioso
de tu teclado sonoro,
trinos de aves que yo añoro
en coloquio primoroso.

De mi tierra, los encantos,
alegrías, quejas, llantos,
emanan de tus maderas...

Y de mi raza poblana,
sangre brava, sangre indiana,
sus tristezas postrimeras.

Tecún Umán

Entre el clamor del tambor, el tun y la chirimilla,
el resonar de chinchines y sonoros atabales,
entre flores primorosas, entre plumas de quetzales,
nació una raza grandiosa, noble, valiente y bravía.

Orgullosa y sabia estirpe de ese héroe aguerrrido,
que por el innato honor de su pueblo subyugado
con su sangre regó el suelo sin clemencia mancillado
y en el campo de batalla mortalmente cayó herido.

Antes muerto que humillado por el vil conquistador,
y aunque la lucha perdida dio a su pueblo gran dolor.
varios siglos han pasado y muchos otros pasarán...

Mas jamás será olvidada de sus hazañas la gloria,
su valor, su patriotismo y la portentosa historia
que a Guatemala ha legado el príncipe Tecún Umán.

Esta banda militar

> *"Un homenaje a los músicos militares de la República de Guatemala en el Día del Músico Militar, 25 de Septiembre".*

I

En salón rectangular
todo lleno de roperos,
es donde tiene lugar
el estudio de la Banda,
de la Banda Militar.

II

Todo es broma y risa en par
en ese histórico lugar…
Cuando suena la "Tablita",
a las nueve fue la cita,
y empezamos a estudiar.

III

Son sonidos y berridos
que se mezclan en el aire,
estridencias además,
unas alta, otras graves
sin cadencia ni compás.

IV

La flauta, que es instrumento
simbólico de romanos,
a menudo, ya se escapa de las manos…
Y en melodía sublime
que necesita donaire,
uno por ciento de sonido puro
y noventa y nueve de aire.

V

El requinto con sus notas
de temblante duración,
como rama que se agita
por la furia de un ciclón;
buscan los agujeros los dedos
nerviosos hechos marañas,
mas que manos me parecen
un par de feas arañas.

VI

Suena allá una trompeta
con cadencia de coqueta
y un clarinete muy listo
que es el jefe de registro;
aquel que sube y que baja
con sus notas al garete,
a menudo, a los otros compromete…
y el que adorna y "frijolea"
con maestría sin par,
muchas veces el "Segundo"
ha ocupado su lugar.

VII

Y los cornos ya se meten,
dos atacan y arremeten
con sonidos muy lejanos…
y otro sopla y "bufa" el viento,
más que notas me parecen
son lamentos sobrehumanos.

VIII

Los tenores que se jactan
de ser ellos los "sublimes,"
yo creo que ni sus pecados
sus berridos les redimen…
y el barítono que toca
con respiración cansada,
no tiene ni el alma buena

ni su corazón resiste,
pues cuando la música suena
él se encuentra triste... triste.

IX

Los trombones que semejan
bastones de peregrino,
que me maten si algún día
yo sus notas adivino,
pues si uno en un dulce "andante"
nervioso la vara tira,
el otro en un "vivacísimo"
ya ni el pentagrama mira.

X

Las tubas dejan oír
sus rugidos como (cual) leones,
y eso que aquí en esta banda
no tenemos helicones;
notas, chicles y caramelos
el que asciende los peldaños,
el otro con su faz de abuelo,
este tiene solo "veinte años".

XI

Y el que aporrea macizo
y no tiene mal talante,
como lluvia de granizo

sacrifica el redoblante.
No hay ahí tierno canto
de amante acariciadora,
solo el necio tableteo
de chueca ametralladora.

XII

Y así suena, suena y suena,
¡Por mil diablos cómo truena
esta Banda Militar!
El tambor ya rompe el cuero,
las trompetas ya revientan,
y parece que se asientan
las vigas de este lugar.

XIII

¡Qué alharaca y desazón!
¡Qué bochinche, qué rareza!
¡Ay, momento! que yo siento
que mis nervios no resisten
y que la maza del bombo
no castiga el cuero tenso,
sino mi pobre cabeza.

XIV

¡Ah! El momento de las notas
de múltiple duración…
o mejor yo lo dijera,

soplar el aire sin fin.
Se acerca el que pasa lista
con aires de "gran señor",
erecto como una espiga,
con cadencia de "arlequín":
es el "músico mayor".

XV

Y comienza la tarea
de las notas estirar...
y ya estamos bien sentados,
más o menos acoplados,
pues si bien con fe deseamos
que la "batuta" se apure,
hinchamos bien los pulmones
para siempre procurar
que el sonido se depure.

XVI

Por fin el descanso llega,
y la charla menudea;
unos fuman cigarrillos
y más de uno queda
emitiendo sus chillidos...
y otro que ya nos fastidia
con sus tonadas modernas,
sopla y sopla la trompeta,
pues "modelo de modelos"
es de gran envergadura
y la mejor embocadura... "jura".

XVII

Preparado ya el instante
de unirnos con esplendor,
ha llegado apremiante
el gordete "director"
y levantando las manos
luciendo su anillo de oro,
bate las palmas al viento
con aires de "Comodoro".

XVIII

Una marcha por aquí,
un minueto por allá,
todo con gran maestría,
y una mazurca elegante,
una selección hermosa,
una obra primorosa:
el vals Andalucía.

XIX

Y con inmensa ternura
y acoplada entonación,
tocamos con emoción
los aires de una obertura;
con murmullos de dulzura,
de voces lejanas un rezo,
exhalan los instrumentos
las tenues y dulces notas
de un romántico intermezzo.

XX

Por eso en este lugar
de estridencia y donosura,
¿cómo no he de recordar
aquellos murmullos de mar?
¡Aún en la sepultura!

XXI

En salón rectangular,
todo lleno de roperos,
es donde tiene lugar
el estudio de la banda,
de esta banda singular.

XXII

¿Y creen que he de olvidar
de sus sones la grandeza
y la nítida pureza
de las piezas que ejecuta?
Si tan solo en un instante,
nos unimos como hermanos
al compás de aquellas manos
que han movido la batuta.

XXIII

¡Jamás, jamás, jamás
he de llegar a ignorar

esta alegría sin par...
en el cielo, en la tierra,
en los campos, en el mar,
recordaré los acordes
de esta Banda Militar!

Guatemala, Centro América
25 Septiembre de 1964

Poemas de amor

Ausencia

El reloj de mi cerebro
marca el tiempo de tu
    ausencia...

Todo lo veo en tinieblas
sin la luz de tu
    presencia...

Mi corazón lamenta
la angustia de
    perderte...

Mis ojos se han secado
    por no verte.

Eternamente

Cuando haya yo dejado de existir,
y mi cuerpo yazca en el sepulcro frío,
no has de llorar por mí, cariño mío,
ni fúnebre atavío has de vestir.

Pues muerto no estaré, te lo aseguro,
aunque el panteón de flores sea adornado,
y mi nombre en dura losa esté grabado,
yo no estaré ahí, yo te lo juro.

La pena tan profunda de dejarte
mi ser hará flotar eternamente,
como un ángel guardián para cuidarte

y en átomos rodearte complaciente
para velar por ti y amante darte,
la prueba de mi amor puro y ardiente.

UN SONETO PARA ELLA

A mi amada, yo le voy a dedicar
un soneto que soñando concebí,
aunque no es tarea fácil de lograr,
terminarlo será un gozo para mí.

Con él rosas purpurinas del pensil,
mi pasión con su fragancia mezclarán,
y los lirios y jazmines en abril
a su alma primavera llevarán.

Brillará en el cielo una estrella
tan fulgente como hermosa es ella,
lucirán las nubes rojo carmesí

y el viento pregonará la gloria
de apasionado amor la historia
del soneto que soñando concebí.

El beso que te robé

Fue una tarde esplendorosa de verano,
tú llegaste a mí coqueta y zalamera
con un libro de poemas en la mano
y una rosa entre tus labios prisionera.

Me extasié con el fulgor de tu mirada,
contemplé tu rostro con deleite y embeleso;
y al influjo de tu boca perfumada,
nació en mi alma la ilusión de darte un beso.

Alentando emocionado mis antojos,
te pedí apagar la lumbre de tus ojos...
y al momento que la luz del sol menguaba,

con reflejos purpurinos de las nubes
y entre voces celestiales de querubes,
esa tarde un dulce beso te robaba.

LÁGRIMAS

He visto en tus ojos lágrimas derramadas,
las perlas de tu llanto vertidas con dolor,
y he sentido la angustia de tu pena escondida
cómo siente la tarde del sol la despedida
cuando invaden las sombras y se muere la luz.

He visto en tus ojos de mirada risueña,
la ausencia de esa chispa que invita a sonreír
y he pronunciado en vano palabras halagüeñas,
mas tu alma no responde, la acalla tu sufrir.

Si el pesar que hoy te embarga inclemente,
es como el agobiante dolor de amar,
¿cuál de las dos sería la pena más doliente,
la tuya como penitente... o la mía al verte llorar?

Tu cabello

Fundiéndose en la noche
con fúlgido destello
semeja tu cabello
cascada de azabache.

Y el viento que lo besa
haciéndolo danzar
con místico cantar,
arrulla tu cabeza.

¡Oh, cuadro excelso y bello,
ver noche, luna y viento
en mágica armonía

realizar el portento
de hacer de tu cabello
un mantón de pedrería!

Sueño de ilusión

Anoche soñé que tú me querías,
tu amor me entregaste con ciega pasión,
y mi alma gozosa vivió la alegría
de oír los latidos de tu corazón.

Un beso posaste en mis trémulos labios,
mi alma en tu alma, la tuya en la mía,
sueño de ilusiones carente de agravios,
dulces esperanzas de mi fantasía.

¿Por qué si tú sabes que te quiero tanto
ignoras las muestras de mi idolatría?
¿Quieres que envejezca derramando llanto
o que muera ciego de melancolía?

Felicidad

¿Qué es felicidad? Tú ingenua me preguntas,
y yo te doy mi pensamiento más profundo...
Felicidad es desterrar los vicios de este mundo
y las virtudes practicarlas todas juntas.

Felicidad es tener tranquila la conciencia
y haber cumplido bien con tus deberes,
disfrutar con sobriedad sanos placeres
y hacer del prójimo más fácil su existencia.

En este mundo donde la maldad impera,
ayudarnos unos a otros la razón espera...
el padre, la madre, el hermano y el amigo,

unidos todos contra el odio y el rencor;
mas para mí, que ambiciono lo mejor,
felicidad mi bien, es vivir siempre contigo.

UNA ROSA

Una rosa me has pedido
y no te la pude dar...
¡Oh Dios, qué pena he sentido!
¿Dónde la podré encontrar?

Dicen que las flores son
símbolos de amor y paz,
ya tienes mi corazón
y tu rosa lograrás.

No de suntuosa mansión
ni de florido jardín,
esta flor que es mi ilusión
no es nardo, orquídea o jazmín.

Brotó en la más dulce calma
con purísimo candor...
su fragancia está en mi alma
sus pétalos son mi amor.

PENITENCIA

Voy por el camino de la vida
agobiado por el peso de las penas
que dejaran la ilusión perdida
que aún enciende las sangre de mis venas.

El mundo y su bullicio es mi tormento,
verdugo que castiga con sadismo
a mi pobre corazón en sufrimiento...
su brío se extingue, es flor sin aroma,
o quizás el alma de frágil paloma
que remonta el vuelo hacia el firmamento.

Fuente fría

Eres fuente inspiradora de mis versos
que se pierden en parajes escondidos,
como el eco solitario de mis besos
que repercute en mis lóbregos oídos.

Mi alma clama por tus besos y caricias,
y una fuerza incomprensible te detiene…
quizás miedo que en mi ardiente fiebre loca
los corales de tus labios se destrocen
al sutil contacto de mi boca.

EL DÍA DE SAN VALENTÍN

Bello día del amor
lágrimas, abrazos y cariño;
criaturas de nuestro Señor
el hombre, la mujer y el niño.

No lo dejes pasar en vano,
te lo digo con razón,
al amigo dad la mano
y a tu amada el corazón.

Y si crees poseer
amistad, amor y verso,
gracias dar es menester
al Creador del Universo.

Ese llanto mío

¡Tanto llanto derramado
por aquel pérfido amor!
Las lágrimas se han secado,
gotas fueron de dolor.

Escupí mi sentimiento
por los ojos, con razón,
canción sin acompañamiento,
lamentos del corazón.

Luego mi ser quedó inerte
sin la queja, ni el lamento,
en espera de su suerte...
del martirio, del tormento.

¡Qué despiadada tortura!
dolencia infinita del alma
que va en pos de la locura
en un mar de ausente calma.

Cómo quisiera

Cómo quisiera que fueras,
que fueras la misma,
la misma señora
que yo conocí.

Cómo quisiera embriagarme
con el mismo vino…
ese que me diste
y que yo bebí.

Cómo quisiera quemarme
en el mismo fuego
que llenó mi alma
de loca pasión.

Ese fuego ardiente
que encendió mis venas
y calmó las ansias
de mi corazón.

¡Ay! Cómo quisiera que fueras,
que fueras la misma,
la misma señora
que yo conocí.

Ilusión

Mantener una ilusión
sin albergar esperanza
hace daño al corazón,
pero nutre la templanza.

Yo he deseado muchas veces
matar ese sentimiento…
pero mi alma no obedece
y prefiere el sufrimiento.

Así, pues no te molestes
que el destino nos traiciona,
nos da penas, nos da pestes,
y la mente no razona.

Pero hay algo que atesoro
y jamás podré olvidar,
tu sonrisa que yo adoro
y tu forma de mirar.

Chapincita

Chapincita, chapincita,
con tanto amor yo te espero
que mi corazón loco palpita
al sentir cuánto te quiero.

Anoche hablé con la luna,
pues mi mente ya no atina,
le pregunté mi fortuna
con respecto a ti chapina.

La luna que me miraba
desde el vasto firmamento,
se ocultó acongojada
al mirar mi sufrimiento.

Chapincita idolatrada
no seas como la luna,
que se esconde avergonzada
sin decirme mi fortuna.

Soledad

Entre salones sombríos
y escalones desolados
do anida severa paz...
¡Placeres desconocidos!

Yo pienso en ti que estás tan lejos,
sin tus caricias y tus embelesos,
mi alma se hunde en la penumbra
de la tarde y sus reflejos.

Cuando se asoma el ocaso,
y el negro manto desfila,
entre rosas y geranios
el día tranquilo expira.

El beso

Tibia brisa alienadora
al ritmo de dos chasquidos,
suave espuma embriagadora
de vinos desconocidos.

Tenue rumor de fontana
que al paraíso nos lleva,
fragante rosa temprana
que a mi ansiosa boca anega.

Desde que a amar aprendí,
me he tornado triste y serio
y sueño con frenesí
con la que tanto sufrí
en un mismo y blanco osario
de un tranquilo cementerio.

Más el ósculo me tienta…
catarata de dulzura
que a mi triste vida alienta
cual mariposa aleteando
en una intensa negrura
con sus alas vaporosas
nos saca de la sepultura.

Pretende que me amas

Pretende que me amas y dímelo al oído
que yo seré dichoso tan solo de ilusión,
imaginaré ser el dueño de tu jardín florido
y brotará en mi alma la flor de mi pasión.

Pretende que me amas tan solo por bondad,
mitiga esta nostalgia si puedes tú fingir,
que aquí en mi pensamiento será la realidad
y un nuevo amanecer verá mi porvenir.

Pretende que me amas, será nuestro secreto,
pues nada yo te quito, y mucho me darás;
no dejes a mi pobre corazón triste e inquieto
y solo amor sincero en mi alma encontrarás.

Pretende que me amas y dímelo quedito…
pero si en tus palabras escondes la verdad,
será maravilloso si me amas un poquito
y mi sueño de ilusiones será una realidad.

Pretende que me amas, yo esperaré paciente,
te juro que ni el cielo sabrá de mi pasión,
platicaré en secreto con mi fiel confidente
el único que tengo… mi propio corazón.

Dulce sueño

Un sueño he tenido, ¡oh Dios, qué divino!,
tan diáfano, tan real, tan sin embarazos...
el ángel errante de la noche vino
y jubilante me llevó en sus brazos.

Transportome con sus alas vaporosas
hacia un jardín florido y apacible,
donde embriagaba la fragancia de las rosas
y trinos de aves transmitían lo indecible.

Al pie de un árbol de presencia majestuosa
yo pude ver un bello tálamo de flores,
el lirio, el nardo y la orquídea hermosa,
le hacían marco a la flor de mis amores.

Eras tú ansiosa esperando mi presencia
con tu cuerpo de ángel y tu piel morena,
con tus ojos negros, mirada de ausencia,
tu cara bonita, tu alma de pena...

Me acerqué temblando de amor extasiado,
te tomé en mis brazos con justos temores...
te besé en la boca, en tu vientre bronceado
y te dije tímido mis locos amores.

Tú escuchabas siempre y fuiste complaciente,
tu alma en mi alma, tu cuerpo en el mío...
nuestra sangre hirviendo en torrente ardiente,
y el amor fluyendo cual caudal de río.

Fue todo dulzura... y hoy melancolía,
pues en mi locura y en mi fantasía,
escuché del cielo cantos de alegría...
en el mismo instante en que te hice mía.

Dolor eterno

¿Cómo callar lo que mi alma siente
tan profundamente por mi fracaso?
El dolor se filtra por mi mente.
sin piedad, lentamente, paso a paso.

Y mi pobre corazón cobarde
tiembla y llora como un niño...
mientras dentro de mi pecho arde
la llama que encendiera tu cariño.

¿Acaso pretendo que vuelva a mí
tu primavera y la fragancia de tus flores
como antaño fuera... la vez primera?

Insensato es esperar de nuevo la gloria
que a través del tiempo se ha esfumado
y querer hacer renacer la historia
que en mi febril mente había anidado.

Jamás, jamás, jamás,
jamás en mi triste despertar,
en la penumbra de este frío invierno,
escucharé el eco de tu suave caminar...

¡Dolor eterno!

Cavilaciones

¡Qué sensación maravillosa
estar flotando en el espacio!
Heme aquí surcando el infinito
dentro del estómago de un águila
gigantesca de metal.

A través del óvalo de mi ventana
que semeja una lágrima de cristal,
contemplo el azul del cielo
y la línea misteriosa del horizonte...

Cielo y tierra que allá en lontananza,
parece que se unieran fundiéndose en pinceladas
de tonos suaves de colores que ha enviado
con sus brillantes rayos el astro rey.

Primero veo un rebaño de ovejas de algodón
formado por las nubes, luego copos de nieve
inmaculadamente blancos y después, cuando el viento
los dispersa, pequeños botes de vela
navegando en silencio hacia la eternidad.

Estoy flotando en el espacio y pensando en ti,
en ti que estás tan lejos, en tus besos, tus encantos,
tus caricias y embelesos...

Efraín López Rodríguez

Vuela el águila de metal conmigo dentro...
surca ese cielo inmenso desafiando el viento,
mi pensamiento flota y viaja a través
de la distancia y el recuerdo...

Sigo suspendido entre el cielo y la tierra...
tú, simplemente, habitas mi corazón...
y mientras el tiempo corre y la vida se acorta,
yo estoy pensando en ti.

El infinito 3/2/1987

Tu nombre

(Acróstico)
Bello es ese nombre tuyo
Límpido, dulce angelical.
Al oírlo es como un murmullo,
No hay en la tierra otro igual.
Canto que acaricia cual arrullo
Alma, reina, musa de cristal.

Con reflejos de una aurora iridiscente,
Anúncialo airosa la estrella de Oriente.
Rivaliza con tu nombre la grandeza
De su hermosura la nívea orquídea.
Oh, sublime y virginal criatura,
Ni la rosa, la azucena y la camelia
Apagarán la luz de tu nombre,
Blanca Delia.

Despedida

Es tan fuerte...
tan presente está el momento de tu ausencia,
de tu imprevisto adiós de despedida,
que mi corazón aún siente el dolor de tu partida.

Fue tan triste tu mirada,
que está aquí en mi pensamiento,
como están también tu nombre
y el perfume de tu aliento.

¿Por qué el destino inclemente
te apartó de mí en un instante
y ha dejado en mi memoria
de tu sonrisa la gloria,
de tu boca la dulzura,
de tus mieles un torrente?

Cuánto ha que tú te fuiste
y ya no te volví a ver,
tristes palabras dijeron tus labios,
muda tu mirada, pero elocuente...
tus ojos vieron mis ojos,
los míos vieron tu frente.

Y todo quedó grabado
como el cincel en la roca...
tu sonrisa, tu mirada, una danza,
una canción y dos besos de tu boca.

Brotó una lágrima

De lo recóndito
de mi alma lánguida,
brotó una lágrima
de cruel dolor,
cuando la hipócrita
traición tiránica
de tu alma lóbrega
hirió mi amor.

Voces impúdicas
volaron rápidas
causando alígera
mi decepción,
y con tu intrépido
acto barbárico
fueron los hálitos
de mi pasión.

Hoy melancólico
busco impertérrito
el dulce bálsamo
de sanación,
para la déspota
herida drástica
que en mí dejara
tu cruel traición.

Nuestra boda

La primavera ha llegado
y con ella la alegría
de tenerte noche y día
sin separarnos jamás.

La flores han retoñado
esparciendo sus fragancias,
y mi corazón henchido
está de felicidad.

Con perfumes de azahares,
la mañana nos Saluda,
y la campanas repican
con son de marcha nupcial.

Porque este día precioso,
nuestras dos vidas se unen,
y nuestras almas se funden
por toda una eternidad.

Tus ojos

Ojos claros...
ojos melancólicos...
ojos profundos...
ojos que tienen la rara belleza
de un claro de luna, de un rayo solar,
ojos lindos como estrellas,
ojos verdes como el mar.

Ojos indefinibles...
ojos límpidos...
ojos puros...
ojos que deslumbran con su brillo
de mágico manantial,
ojos que me miran tiernamente
de una forma angelical.

Ojos verdes de esmeralda,
mares profundos de amor,
luceros de la mañana
que irradian raro fulgor.

Con tus ojos cual centellas,
a los míos de luz bañas,
ojos bellos que acarician
con el plumero de sus pestañas.

¿Por qué si ellos me lanzan
con sus destellos promesas
de tu alma la esperanza,
de tu corazón ternezas,
no me entregas con dulzura
de tus jardines las flores,
de tu cuerpo la hermosura
y de tu boca sus sabores?
Sin comprender los motivos
ni temores que en ti anidan,
yo estaré siempre esperando
impaciente... con anhelo...
viendo tus ojos de sol,
viendo tus ojos de luna,
viendo tus ojos de mar,
viendo tus ojos de cielo.

Recuerdos de Sequoia

I

Fue a Sequoia que viajamos
de vacaciones este año
y felices acampamos
en Sentinel de King Canyon.

II

De impresionante belleza,
ese sitio está dotado,
la madre naturaleza
su grandeza le ha otorgado.

III

Son sus bosques y montañas
misterio y paz a la vez
y emana de sus entrañas
aroma a pino y ciprés.

IV

Imponentes sus cascadas
una maravilla son,
tal parece que inspiradas
cantaran una canción.

V

Y ese río majestuoso
de espumantes aguas dueño
que en las noches rumoroso
arrullara nuestro sueño.

VI

Una luna esplendorosa
alumbraba desde el cielo
y la noche misteriosa
nos cubría con su velo.

VII

¿Recuerdas esas veredas
que jadeantes caminamos
y las verdes arboledas
que extasiados contemplamos?

Efraín López Rodríguez

VIII

¿Y cuando nos extraviamos
en aquel bosque infinito
y luego nos consolamos
observando a un venadito?

IX

Tarea ardua me asignaste
al bajar de aquella peña...
y a mis espaldas ataste
un cargamento de leña.

X

Hubo un rato no muy grato
en el campamento ocioso
al chocar una olla y un plato
para hacer huir a un oso.

XI

Esa noche nos sentamos
bajo la luna de plata
y animados conversamos
al calor de la fogata.

XII

¡Qué felices la pasamos
en ese hermoso vergel,
mística paz alcanzamos
y alegrías a granel!

XIII

La comida deliciosa
preparada allá en Sequoia,
pero cosa muy curiosa
se nos chamuscó la olla.

XIV

Hasta el chocolate fresco
calentamos en parrilla,
y el humo del chirivisco
nos ahumó la jarrilla.

XV

Cuando recuerdo esos días,
me invade inmensa emoción
y en mis locas fantasías
nació el ritmo de este son:

Efraín López Rodríguez

XVI

"En Sequoia con pasión,
un esplendoroso día,
te entregué mi corazón
envuelto en una tortilla".

DE RUDOVICO Y DIAMANTINA

(Fragmentos del poema épico "Rudovico y Diamantina")
Los reflejos vespertinos del ocaso iridiscente
iluminan la belleza de tu rostro bienamado
y le dan a tu mirada esa luz magnificente
que con ansia trepidante
a mi ardiente corazón ha cautivado.

¡Oh, mi bella Diamantina!
Mi corazón se ilumina con el fulgor de tu mirada,
yo sé bien cuánto me amas y que a mi alma nunca engañas.

Con tus ojos de luceros, a mis ojos de luz bañas.
ojos bellos que acarician con el plumero de sus pestañas.

Si de hoy en adelante tu existencia es un tormento,
fija tu triste mirada en lo azul del firmamento;
una estrella desde lo alto te enviará valor y calma,
¡Oh, mi dulce Diamantina, será ella mi propia alma!

Momento de adiós

Adiós, adiós, adiós,
adiós dulce amiga mía,
si algo pudiera pedirte,
un beso te pediría,
un beso de despedida...
pero uno solamente
¡Oh, amiga del alma mía!
porque si más de uno, tú me dieras,
de gozo yo moriría.

Adiós. Adiós, adiós,
adiós dulce amiga mía,
por temor no he de pedirte
lo que tanto mi alma ansía,
un beso de despedida...
aunque uno nada más fuera,
¡Oh, amiga del alma mía!
porque si me lo negaras,
de pena yo moriría.

Verdemar

(Acróstico)

Ante la luz de tus divinos ojos,

Mares profundos de un verde esmeralda

Pusieron los Dioses al ver tus sonrojos,

Arreglos de flores para tu guirnalda.

Rosa primorosa al amor nacida,

Imagen etérea de dulce candor

Tú eres por bella, la más consentida

¡Oh, ángel colmado de áureo esplendor!

Tu retrato

Si amas la integridad
y atesoras la entereza,
cumple a cabalidad
y has honor a tu promesa.

No me digas que mañana
o que hoy se te ha olvidado,
pues tu excusa suena vana
con el tiempo que ha pasado.

Y aunque no siento despecho
mi corazón se entristece,
pues en mi ego sospecho
que mi amor ni eso merece.

Ya que el destino es ingrato
y porque el mundo es así,
dame al menos tu retrato
si nada tendré de ti.

No me niegues el placer
de que tu imagen sea mía.
¿Qué daño te puede hacer
quien te adora cada día?

Sin embargo en mi ansiedad
de tener tus embelesos,
mi mayor debilidad
sería comérmelos a besos.

Yo no necesito el día de San Valentín

(Traducción del inglés)
¡Yo amo al mundo entero!
¡Oh, sí! Yo realmente lo amo...
pero más que todo, yo te amo a ti,
a ti, a ti y a ti.
Cuando veo las flores retoñar
y aspiro profundo su perfume,
eso es amor para mí...
y me digo: El mundo es bello
yo no necesito el día de San Valentín.
Cuando escucho el llanto de un niño
y la canción de cuna que su madre le canta,
eso es amor para mí...
y me digo: El mundo es bondadoso
yo no necesito el día de San Valentín.
Cuando veo hacia el cielo,
de día un sol esplendoroso,
de noche un bello claro de luna,
eso es amor para mí...
y me digo: El mundo es mío
yo no necesito el día de San Valentín.
La fragancia de una flor, el trino de un pájaro,
la sonrisa de un niño, el titilar de las estrellas,
los colores del arco iris, el verdor de la grama,
la grandeza de un árbol, el murmullo de sus hojas,

el silbido del viento, la blancura de la nieve,
el azul del cielo, la brisa del mar...
Todo esto es amor para mí
y lo guardo en mi memoria
yo no necesito el día de San Valentín.
Así que ¡Yo amo al mundo entero!
¡Oh, sí! Yo realmente lo amo...
pero más que todo, yo te amo a ti,
a ti, a ti y a ti.

Cuando tú te vayas

Cuando tú te vayas,
no habrá luz de sol
en mi primavera.
Cuando tú te vayas
la ilusión vivida
será una quimera.

Cuando tú me dejes,
las flores fragantes
perderán su aroma
y en mis negras noches
de melancolía
no habrá luz de luna.

Cuando tú te vayas,
no habrá cantos de aves
en las madrugadas
y en el firmamento
luceros y estrellas
no tendrán fulgor.

Cuando tú te vayas,
cuando tú te alejes…
no habrá luz del día,
no habrá poesía,
cuando tú te vayas.

Quisiera saber

Quisiera saber...
cuál sería mi destino
si te vuelvo a encontrar,
mujer, en mi camino.

Quisiera saber...
qué sería de mi suerte,
pues pensándolo bien...
yo me muero por verte.

Los recuerdos de ayer
llenan mi pensamiento
y me dejan saber
que eres tú mi tormento.

Me resisto a creer
que dejé de tenerte,
pues pensándolo bien...
yo me muero por verte.

Inolvidables...
los momentos contigo,
la ternura infinita
que tu amor me brindó.

Efraín López Rodríguez

Pero me dejaste
caminando entre abrojos,
con el llanto en los ojos
cuando yo te perdí.

Poesía libre

Nostalgia

Como el tic tac de un reloj,
el eco de mis pasos suena
y en mi cerebro resuena...

Es tarde de primavera,
pero hay niebla.

Un cuervo pasa volando
y grazna sin cesar...

Graznido de mal agüero.

Miro al cielo y todo
es gris...

Miro al suelo y triste
pienso en mi país.

Un soneto para mi madre

Pronunciar tu nombre inmaculado
es arrullo celestial a mis oídos,
es consuelo y regocijo a mis sentidos,
es volver a contemplar tu rostro amado.

Hoy que ausente estás, mi alma ansía
de aquellos idos tiempos el abrazo,
cuando poniendo mi cabeza en tu regazo
soñaba un mundo de ilusión y fantasía.

Madre, tú has de vivir en mi alma eternamente
como el murmullo del mar siempre presente
y las espumas que se prestan con desvelo

a pincelar sus bellas olas de blancura
y el corazón con sus latidos me asegura
que estás por mí velando desde el cielo.

Mi pensamiento

A través de la enorme distancia,
raudo vuela mi pensamiento…
de cariño, bondad y esperanza,
mi febril corazón va sediento.

Agotado ya el sacro remedio
que curaba eficaz mi dolencia,
el vivir soportando este tedio
mortifica mi amarga existencia.

Porque yo, infeliz moribundo
voy errante habitando este mundo
donde muere inclemente la luz.

La justicia falaz nos traiciona,
la verdad siempre se distorsiona,
y mi sino es cargar esta cruz.

Mi guitarra

Al murmullo de cascadas cristalinas,
se asemejan tus acordes argentinos,
y las notas de tus arpegios divinos
al susurro de mil alas angelinas.

Es tu cuerpo sacro templo del tesoro
do el magno rey David guardó su lira,
y los versos del poeta que suspira
al cimbrar de tus tañidos que yo adoro.

Hay un eco de nostalgia en tus entrañas
que al sonar tus dulces cuerdas de luz bañas
al amor que vuelve en mi alma a florecer.

Novia mía, es mi anhelo retenerte
y comprendo que nací para quererte,
pues tu cuerpo tiene formas de mujer.

El cisne

Como un copo gigante de nieve
sobre el límpido lago deslizas
tu figura de góndola leve
con su cuello que evoca sonrisas.

Eres rey de las aguas de plata
donde moran las ninfas sagradas
y los ecos de la serenata
de un sinfín de criaturas aladas.

Al mirar tu plumaje tan terso,
nace en mi alma el bosquejo de un verso
y en mi pecho palpita el anhelo

de besar esas manos divinas
que esculpieron tus formas tan finas…
esas manos benditas del Cielo.

La reina de la noche

Como nave de plata navegando
en el mar azul del firmamento,
con su luz maravillosa va alumbrando
de las calles el sombrío pavimento.

Un millón de estrellas titilantes
de fulgor magnificente hacen derroche,
iluminando con reflejos deslumbrantes
acompañan a la reina de la noche.

Extasiado desde un puesto solitario
me embeleso con este acto milenario
y doy gracias al creador por mi fortuna

de tener ante mis ojos tal portento...
navegando en el azul del firmamento
a la excelsa y misteriosa luna.

A UNA FUENTE CANTARINA

El vaivén de tus aguas me entristece
porque dentro de mi ser palpita
a medida que tu canto crece,
una pena letal que me marchita.

Si tu alma es de cristal,
y no presientes mi agonía,
¿por qué ese canto fatal
que aumenta la pena mía?

El mundo ante mi faz tiembla y crepita,
mi fe y esperanzas se van con el viento,
y el corazón que de pasión se agita,
pregona mi dolor y desaliento.

Por eso en tu murmullo cristalino,
presiento la alborada de mi suerte,
el cirio que se apaga de mi sino,
y el místico aleteo de la muerte.

Muñeca de trapo

*A la memoria de mi abuelita Adela
Rodríguez de Arredondo.*

Muñequita de trapo, quién fuera como tú,
con tus trenzas de lana, moño de listón,
con tu falda de lino, blusa de tisú,
tu carita pintada, pero sin corazón.

Muñequita de trapo, quién pudiera tener
tu sonrisa que atrae las miradas ajenas,
tus ojos que no expresan ni dolor, ni placer,
tu cabecita blanda que no sabe de penas.

A través de los vidrios de modesta vitrina,
yo te contemplo toda y mi mente imagina,
que siendo tan bonita, tu fuiste diseñada

como cualquier juguete para entretenimiento,
a no sentir amor, pasión ni sufrimiento,
a ser toda de trapo, con el alma sin nada.

Las flores marchitas

¡Oh, qué tristeza me causa ver las flores marchitas!
Esas rosas que un día en plena lozanía,
quizás en trémulas manos de amante enternecido,
dieron dulce esperanza a la amada que hoy llora
y al cielo humilde implora el amor que nunca alcanza.

Inerte yace el ramo de flores deshojadas,
en un lugar que nadie podría imaginar...
y es que el ingrato destino siempre elige el camino
del final de las cosas que un día fueron hermosas
y nos brindaron dicha, placer y bienestar.

En florero inusitado, quedó el ramo maltratado
en cuyas secas rosas mi vista se fijó...
el panel polvoriento de un auto abandonado
marcó el final destino, quizás de un desatino
o apasionada entrega de algún sublime amor.

Yo no podría decir si mi pena es más doliente
o más grande mi tristeza, la vida pronto se acaba
y se apaga la belleza; las penas y desengaños
van deshojando los años, como los enamorados
deshojan las margaritas...

¡Oh, qué tristeza me causa ver las flores marchitas!

Sigue adelante poeta

A mi amigo y poeta José Walter Benítez (Jowalben) en el día de su cumpleaños.

Sigue adelante poeta
con la lira de estandarte,
que para alcanzar tu meta
Júpiter será tu baluarte.

Si unida está a tu destino
bella musa inspiradora,
Apolo guiará tu camino
con Hebe, Venus y Flora.

Si te inspiras en los mares
Neptuno se hará presente
y Eolo con sus cantares
iluminará tu mente.

Si hacia los montes y valles
tus versos ardientes van,
seguro es que en ellos halles
a Narciso, Fauno y Pan.

Si al amor quieres brindar
tu poema más sentido,
las saetas has de usar
de Sagitario y Cupido.

Más las falsas musas mienten
y empujan al precipicio,
cuídate que no te tienten
Sátiro, Baco o Dionisio.

Sigue adelante poeta
con la lira de estandarte,
que para alcanzar tu meta
Júpiter será tu baluarte.

De poeta a poeta

*A mi amigo y poeta José Walter
Benítez (Jowalben)*

I

A ti, mi joven poeta,
sensible como Camilo.
Tu arma: de Eros saeta,
Tu musa: la Venus de Milo.

II

Estos versos que contienen
respeto y admiración,
quizás métrica no tienen
mas salen del corazón.

III

Ser poeta es ser creador
pregona el cielo infinito,
lo anuncia el mar con clamor,
lo siente el amor bendito.

IV

Ser poeta es ser un niño
travieso y enamorado,
con la ilusión de un cariño
que lo tiene aprisionado.

V

Ser poeta es, sin querella
y con profunda emoción,
ver en el cielo una estrella
y perder el corazón.

VI

Si semántica y retórica
al sabio dan perfección,
más tendrá tu alma pletórica
de sublime inspiración.

VII

Y si logras que amor brote
en melódico arrebol,
seguro es que nadie note
un pequeño re bemol.

VIII

Solo con mal proceder
un verso será insensato...
y es cierto, puede caer
como piedra en el zapato.

IX

De poeta a poeta,
si dices lo que tu alma siente,
lanza al viento tu saeta...
la crítica será indulgente.

AÑO NUEVO, VIDA NUEVA

El año nuevo tiene olor a incienso, pino y manzanilla,
los foquitos de colores aún se encuentran encendidos
y en las puertas de las casas, por el sol descoloridos,
ornamentos navideños se vislumbran todavía.

Ya la fiesta ha terminado, su bullicio y sus canciones
el año viejo se lleva las penas y sinsabores,
la tristeza, el desencanto, los problemas, los dolores,
la luz de la esperanza llega a nuestros corazones.

Año nuevo, vida nueva, la ilusión de nuestro anhelo,
que no haya hambres ni guerras en el tiempo por venir,
que los odios se terminen, que dejemos de sufrir
y que reine la justicia impartida desde el cielo.

Que los pueblos y naciones se conduzcan como hermanos,
que haya piedad y compasión para el más necesitado
y que uniendo nuestro esfuerzo con fervor inusitado
logremos un mundo digno para los seres humanos.

Año nuevo, vida nueva. ¡Oh, sueño tan sutil y terso!
nuestras almas ha llenado de aliento, fe y ansiedad...
oremos porque este sueño se convierta en realidad
y confiemos en la ayuda del Creador del Universo.

Efraín López Rodríguez

Flor de ilusión

*A mi adorada hija Elsa Ileana
en el día de su cumpleaños.*

En el jardín de mi vida,
crecían variadas flores:
lirios, nardos, azucenas
y claveles de colores.

Pero a pesar de todo esto,
mi jardín estaba triste.
No existía ahí la Rosa
que cultivara en mis sueños
como el sol que nos asiste.

Pasaron los largos días,
y al jardinero pedí
me dijera algún sendero
que yo debiera seguir
para encontrar la flor blanca
que me ayudara a vivir.

Recorrí muchos caminos,
visité ricas mansiones,
mas nunca pude encontrar
a la flor de mis ilusiones.

Abandonada mi empresa
me retiré a meditar,
con el corazón sangrando
y con ansias de llorar.

Pero una noche de abril
entre mi angustia sombría,
acarició mis oídos
venida de lo infinito
una dulce melodía.
Era un ángel pregonando
entre perfumes y flores
el existir de una Rosa,
la Rosa de mis amores.

Desde entonces en mi jardín,
hay alegría sin par...
lirios, nardos, azucenas
y mi Rosa en un altar.

LLUVIA

¡Oh, triste llanto vertido
por una atmósfera divina!
Manto de cristal que murmuras
y te quedas en reposo...
capa infinita que cubres las espaldas
de un monarca poderoso.

¿Por qué tan melancólica vienes?
¿Por qué susurras un triste canto,
te vas y luego vuelves?
¿Será que roto tu corazón tienes?

¡Oh, lluvia clara! ¡Oh, lluvia mía!
Así como tu alma, mi alma está.
¿No has visto tú a las nubes
sentir esta nostalgia,
grabar en la memoria la dicha del ayer
y luego estar de nuevo sumido en la tristeza,
el corazón sangrando y con ansias de volver?

¡Canta, lluvia clara! ¡Canta, lluvia mía!
Tu dulce melancolía y tus sones no son vanos,
porque sé que a cada instante, las lágrimas que tú viertes
llenan de inmensa alegría los corazones humanos.

Y después de dar la vida a la tierra que dormía,
entre nubes de armonía reposas en el arcano...
mientras el astro rey anuncia en los albores del día,
la llegada victoriosa de un esplendente verano.

ORACIÓN

(Acróstico)

Incapaz para inspirarme
Ruégote con gran tristeza
Manuel Acuña ayudadme
A cumplir con mi promesa.

Yo que mi mejor poema
Ostentoso prometí,
Las rosas, lirios y azucenas
Ante mis ojos no vi.
No hay mal que dure cien años
Dice un refrán por ahí,
Ay, con tantos desengaños...

Nada gané... ni perdí...
Oh! ¡Cielos rogad por mí!

Música

Yo soy la música…
la muchachita primaveral,
la de las notas de amor y preces,
la de susurros de manantial.

Yo soy la música que adormece,
la dulce amiga de la pasión,
la que a las almas las entristece,
la que os roba hasta el corazón.

Venid a mí que os amo tanto,
mis notas leves son de cristal,
por los senderos oíd mi canto
y mis susurros de manantial.

Venid a mí dulces compañeros,
que hasta en el cielo mi voz escuchan,
cantad conmigo, sed los primeros
pues por mi canto los dioses luchan.

Poesía

Yo soy la poesía…
la que inspirada al oído canto,
la que las flores marchitas riego
con las tibias gotas de mi llanto.

Yo soy ese ángel puro
de ojos bellos y manos blancas,
yo soy quien al amor conjuro
y sumiso beso sus plantas.

Yo soy ese genio de luz
que con su lira dorada encanta,
yo canto al que murió en la cruz
y el Universo conmigo canta.

Pensad con calma un solo instante
cuando en tu pecho dulce alma goza
verted palabras de dulce amante
para los ojos de bella esposa.

Tocad conmigo la dulce lira,
cantad a las flores con tierno acento…
cantad al Dios que en la cruz expira,
pues amor y poesía él exhaló en postrer aliento.

LOS NIÑOS VAGABUNDOS

Cuando veo un niño vagabundo
el alma se me hace añicos,
pues me hiere en lo profundo
el martirio de esos chicos.

Siempre bebiendo su angustia
siempre su hambre masticando,
con su faz cansada y mustia
van por el mundo penando.

Y cargando con tristeza
la cruz de su cruel tormento.
¿Quién les da la fortaleza
para tanto sufrimiento?

El llanto es bálsamo santo
que alivia un poco su pena,
los agobia el hambre tanto
que es en sus vidas condena.

En este valle de lágrimas,
sus plantas pisan abrojos,
son sus miradas tan lánguidas
que limosna imploran... sus ojos.

Una gata llamada Shana

Con graciosos y gatunos movimientos,
al mirarme raudamente se acercaba
y melosa ronroneando el lomo arqueaba
de cariño en ademán sus sentimientos.

Divertido yo esas gracias aceptaba
con deleite acariciando su cabeza
y taimada ella, gozando mi terneza,
sus ojillos vivarachos entornaba.

Un buen día, por un ciego amor felino,
sus usuales tretas a brindarme ya no vino,
alguien dijo que escapó por la ventana…

Y ese acto me ha llevado a comprender,
qué imposible me será volver a ver
a esa linda gatita llamada Shana

NOCHE

Noche triste y obscura
vestida de azabache...
Noche que en tu manto escondes
el misterio eterno
de amor y derroche.

Tú eres siempre mi delirio,
tú eres siempre mi tortura,
tú eres siempre mi martirio,
tú eres siempre mi locura.

¿Por qué en los momentos
de mi cruel desvelo
me das esperanza
aliento y consuelo,

y en mis horas negras
de melancolía
me brindas ternura,
pasión y alegría?

Dime, noche silenciosa,
si me llevas como hermano,
yo contigo iré gozoso
a los reinos del arcano.

Efraín López Rodríguez

Fundiré contigo mi alma,
mi pobre alma sin calor…
en tu seno hallaré calma,
y tú en el mío esplendor.

AL POETA TRISTE

*Un homenaje al ilustre poeta
salvadoreño
Alfredo Espino.*

¡Qué regalos tan preciosos
me ha hecho hoy el destino,
más que bellos, primorosos
los versos de Alfredo Espino!

Un canto a la naturaleza,
a los pájaros y flores,
y haciendo eco a su tristeza
del mar cantó los clamores.

Ríos, lagos y cascadas,
montes, valles y praderas,
brisa, viento, marejadas,
bejucos y enredaderas.

Ranchos, casas, callejuelas
y volcanes majestuosos,
bordados de lentejuelas
peñones esplendorosos.

Mas con los castos amores
para él no hubo clemencia...
fueron un ramo de flores
perfumadas ya de ausencia.

Efraín López Rodríguez

Dios había marcado su sino
(y no por casualidad),
y sus musas le abrieron camino
hacia la inmortalidad.

¡Qué regalos tan preciosos
me ha hecho hoy el destino,
más que bellos, primorosos
los versos de Alfredo Espino!

A UNA REINA

I

¡Salve a ti, sublime criatura!
novia, reina y flor,
tu vida está llena de ventura,
tu alma rebosa de amor.

II

¡Salve a ti, Reina primera!
nívea, lozana y juvenil,
en tu frente brota la primavera
y en tu corazón las flores del pensil.

III

De lisonjas, de versos y perfumes,
saturada tu hermosura tu verás,
no solo en estas fiestas el reinado asumes,
también reina en los corazones serás.

IV

Porque tú naciste así...
con belleza deslumbrante y virginal,
pues un Genio dibujó tu boquita carmesí
y los Dioses del Olimpo tu silueta angelical.

V

Porque tus ojos semejan luceros fulgentes,
porque tu voz argentina es una canción,
porque tus dientes son perlas del lejano Oriente,
sedas tus cabellos, fuego el corazón.

VI

Ya de flores olorosas la corona,
en tus sienes delicadas ceñirás;
tú serás feliz, blanca paloma,
pues la estrella de tu sino alcanzarás.

VII

Y si en estos versos que hoy te canto,
ves un sueño diamantino y celestial,
es que pienso en el milagro de tu encanto,
en tu porte y tu belleza sin igual.

VIII

Dime, niña, si tus sueños ya deducen
que mis versos tienen algo sideral
que hasta el cielo triunfalmente te conducen
en carroza con caballos de cristal.

A la Reina de las Fiestas Patronales y
Novia del Deporte del año 1956.
Santa Cruz del Quiché, Guatemala,
Centro América.

LA MUERTE DE UN PÁJARO

Como un ángel emplumado
en el aire divisose,
sintiéndose muy cansado
hacia un árbol dirigiose.

Mirolo, circulolo,
y a bajar aventurose;
examinolo, excudriñolo
y en una rama posose.

Un cazador furtivo
en el árbol descubriolo...
sin medios para cazarlo vivo,
con su escopeta apuntole,
disparole, atinole y matolo.

Compensación y retribución

Dos leyes hay en la vida
que jamás han de fallar,
una para ser temida
y la otra para disfrutar.

En este mundo perdido
donde la maldad acecha,
del débil y el desvalido
el poderoso aprovecha.

El criminal causa daño,
y el bondadoso alegría,
el farsante desengaño,
y el pobre melancolía.

Mas con justicia compensan
las leyes del universo,
pues al bueno recompensan
y castigan al perverso.

Consuelo para el humano,
la ley de la Compensación,
temor para el inhumano,
la ley de la Retribución.

El gavilán y las palomas

Un gavilán que volaba
sobre el techo de un ranchón,
vio con gran satisfacción
y escuchó la algarabía
que al posarse sobre él
con sonidos a granel
la parvada producía...
las palomas de Castilla.

Con sigilo se acercó,
pues deseaba ser cortés,
y sin mostrar su interés
con voz melosa les dijo:
Bienvenidas aves bellas,
preciosísimas doncellas
de los valles y las lomas,
os saludo mis cien palomas.

No somos cien, respondió
la más valiente de todas,
somos solamente nosotras,
las que somos, nada más,
más la mitad de las que somos
más un cuarto de todas nosotras...
pero si usted se une a nuestro clan,
con usted si seríamos cien
        Señor Gavilán.

Querido lector, ¿cuántas somos?

Amor felino

I

Quiero contarles la curiosa historia
de un prohibido y tierno amor felino,
que ha venido justo a mi memoria
por azares del inexorable destino.

II

Tigger, un gatito astuto de pelo rayado
que todas las tretas por haber se sabía,
y Patches manso y de pelo moteado
que atrás en marrullerías no se quedaría.

III

Ambos mininos zalameros y traviesos
estaban erróneamente enamorados,
mostrándose mutuamente sus embelesos
con afectos gatunos y ronroneados.

IV

Sus peludos y blandos lomos arqueaban,
se arrullaban con pasión y con ternura
y sus bigotes chocaban y entrelazaban
con maullidos estridentes y de dulzura.

V

Para evitar este idilio y apagar esta pasión,
la dueña de estos felinos tan insolentes,
decidió darlos un buen día en adopción.
Y para estar segura, a dos amos diferentes.

VI

Tigger fue enviado a un poblado del Este,
a su nuevo dueño, un próspero ganadero,
mientras que Patches fue a dar a uno del Oeste,
a las manos de un piadoso y humilde misionero.

VII

Esta fue la solución a este insólito dilema,
había que separar a estos ardientes mininos,
pues su romance causaba un molesto problema,
habladurías y chismes de los intolerantes vecinos.

VIII

Y así termina la historia de estos gatos vivarachos
que un descarado amorío se traían entre manos,
pero lo triste del caso es que los dos eran machos
y lo más bochornoso de todo… es que eran hermanos.

A UNA PRESUMIDA

I

¿Quién te crees tú
que con toda indiferencia,
pasas a la vera mía
e ignorando mi presencia
desprecias mi cortesía?

II

¿Quién te crees tú,
ignorante, engreída,
falsa y necia en tu altivez,
pretendes ver en tu vida
todo rendido a tus pies?

III

Lástima me da tu orgullo
y tu tonto proceder,
pues con ese ego tuyo,
mucho vas a padecer.

IV

Por personas con tu actitud
es que nunca progresamos,
olvidamos la inquietud
de tratarnos como hermanos.

V

Y perdemos la ilusión
del cariño y la amistad,
pues no alberga el corazón,
compasión por la humanidad.

VI

Si en tu hogar no recibiste
maneras ni educación,
a darte mi alma persiste
una sencilla lección.

VII

En nuestra diaria existencia,
todo tiene un justo precio,.
Yo he de cortar tu insolencia
con el filo del desprecio.

Viejo amigo

A mi amigo Héctor Escobar
(Q. E. P. D.)

I

Era fuerte como un roble
de sus cuitas fui testigo,
su alma sencilla y noble,
de mi infancia un gran amigo.

II

Nunca a nadie le hizo daño
ni hubo en él ningún complejo,
un día me hacía un regaño,
otro me daba un consejo.

III

¡Cómo recuerdo esos días!
El canto de las cigarras
y las tristes melodías
de nuestras toscas guitarras.

IV

Los sábados por la noche
bajo la luna de plata,
hacíamos de amor derroche
dando alguna serenata.

V

Y en las tardes de verano
bendecidas por el sol,
más que amigo, era un hermano
en los campos de futbol.

VI

¡Oh, tiempo más esplendente
de mi ausente juventud,
que gozara complaciente
en toda su plenitud!

VII

Pero un día, ¡infame suerte!
sin saber, ni imaginar,
aquel árbol recio y fuerte
se comenzó a deshojar.

VIII

Y ya todo fue tormento,
noches negras de delirio,
dolor, pena, sufrimiento
días crueles de martirio.

IX

Su final ya presentido
aumentó la pena mía,
pues al amigo querido
la leucemia consumía.

X

Cuando de enfermo en su lecho
presintiendo su partida,
quise de dolor deshecho
con mi sangre darle vida.

XI

Me dijo en postrer aliento
abrumado y abatido:
no prolongues mi tormento,
¿No ves que estoy ya casi ido?

XII

Muchos años han pasado
y aún recuerdo con cariño
a ese tutor tan preciado
que yo tuve cuando niño.

Saludo de Navidad

(Acróstico)

Alegría y felicidad

No existe nada mejor…

Gozo, dicha y salud

En este día de amor.

Luz haya siempre en tu vida

Iluminando verás,

Con mis mejores deseos,

Amistad, cariño y paz.

Mensaje de Navidad

En todos los hogares, la Noche Buena tiene olor a gozo y paz.
Las luces de colores están siempre encendidas.
El incienso esparce sus místicas nubes en ráfagas de aroma
y los adornos, con su presencia de Princesas de Oriente,
colocan un collar de amor alrededor del árbol de Navidad.
Las estrellas lucen como ángeles de bronce tatuando de encanto
la piel celestial de la noche, las uvas son lágrimas dulces
en el siempre fresco ramo de nuestras memorias infantiles,
el vino abre su puerta roja a la sonrisa y al franco abrazo,
los luceros tienen cuerpos de cristal y se deslizan con suavidad
sobre las nubes escoltando orgullosamente al trineo de Santa Claus.

Esperemos que esta noche eleve de los corazones humanos
la maravillosa imagen de la paz, que sea este sincero mensaje
el augurio de mucha felicidad y muchos sueños hechos realidad.

Que esta Navidad deje en cada uno de nuestros hogares
el mejor de los regalos: LA FELICIDAD Y EL AMOR.

Efraín López Rodríguez

Nuestro mejor amigo, el árbol

(Traducción del inglés)

El árbol es nuestro mejor amigo,
nos acompaña desde que nacemos hasta que morimos,
adorna nuestros bosques y montañas
y es muy útil a la humanidad.

De la rama de un árbol, fue hecha nuestra cuna,
y de su tronco generoso, obtenemos
a lo largo de nuestra vida, muebles y comodidades.

Jesús fue carpintero y acaso de él
haya aprendido el árbol a dar,
a dar siempre sin esperar ninguna recompensa.

Por eso debemos respetarlo,
por eso debemos cuidarlo,
por eso debemos protegerlo y amarlo.

Evitemos subirnos a sus ramas para no herirlo,
prevengamos los incendios forestales para que no se queme,
defendámoslo del hacha criminal para que no lo derriben.

Y nunca debemos olvidar que este maravilloso amigo nuestro
está tan ligado a nuestras vidas
que, así como de sus ramas se hizo nuestra cuna,
de ellas también se hará
el ataúd que guarde nuestros restos.

Efraín López Rodríguez

El billete del abuelo

I

Ocurrió allá en Inglaterra
en los tiempos de la guerra
cuando todo era amargura.
Ella quiso con premura
emigrar hacia el lugar
del que solía escuchar
un sinfín de cualidades,
maravillosas ciudades
de industria, ciencia y deporte
en la América del Norte.

II

Con profundo sentimiento
al llegar aquel momento
de su inminente partida,
inició la despedida
de familiares y amigos,
quienes fueron los testigos
de la emocionante escena
que con dolorosa pena
le causó gran desconsuelo
despedirse de su abuelo.

III

Ese digno y noble anciano,
bondadoso ser humano
que la amaba con ternura,
sufría su desventura
sin osar intervenir
y hoy la dejaba partir
en pos de un sino mejor
sacrificando su amor
demostrando con su calma
lo sublime de su alma.

IV

En un gesto muy sencillo,
él sacó de su bolsillo
firmado ya de antemano
un billete americano.
Se lo dio a ella obstinado
de ser siempre recordado
y le trajera memorias
de tantas bellas historias
que él le solía contar
en el seno del hogar.

V

Se fue el tiempo como el viento
con placeres y tormento,
con alegrías y penas…
cosas malas, cosas buenas;

tropiezos que en el camino
nos pone siempre el destino;
y ella tuvo un mal momento
que le causó descontento,
pues el pago no tenía
del colegio al que asistía.

VI

Con grandísimo pesar
después de mucho pensar,
sin tener otra alternativa,
decidió en definitiva
usar el billete guardado
con tanto amor y cuidado
para pagar la pensión
del centro de educación
que de uno a otro momento
le procuraría el sustento.

VII

Diez años raudos pasaron,
pero ellos nunca borraron
la tristeza y desconsuelo,
y las noches de desvelo
al dar para siempre perdido
aquel recuerdo querido
y con gran abatimiento,
aceptó con razonamiento
que jamás volvería a ver
esa reliquia de su ayer.

VIII

Un día como de costumbre
que entre inmensa muchedumbre
fue al Banco de la ciudad
con mucha tranquilidad
a cobrar de buena gana
el cheque de su semana,
vio al recibir el dinero
que le entregaba el cajero
como un regalo del Cielo...
¡El billete del Abuelo!

Poema épico

Rudovico y Diamantina

I

Fue una mañana de primavera cuando la vi por vez primera. Las flores abrían lujuriosas sus pétalos para mostrar al nuevo día sus corolas exuberantes de polen como polvo de oro que las abejas y otros insectos esperaban con ansias para transportar en sus diminutas patas hacia otras porciones de tierra fértil donde germinarían creando nuevas vidas vegetales para realizar así el milagro de la fecundación.

A través de las rejas de la enorme mansión, yo veía su porte elegante y sencillo,
sus facciones de mármol, su mirada profunda y su cuerpo flexible cual danzante palmera con el dulce vaivén de su rítmico andar.

Era ella una reina en un mundo de sombras, de aquellas que son tantas que no nos dejan luz; y vivía muy triste tarareando su pena como lo hacen los pájaros en sus jaulas herméticas, que cantan sus tristezas ansiando libertad.

Dicen que descendía de una noble familia de reyes y emperadores de un lejano continente, tan lejano, que la historia no podría registrar... pero al verla un solo
Instante, en mi mente, yo imaginaba leyendas de caballeros cantadas por trovadores en sus justas victoriosas por el honor de una dama.

O de valientes guerreros en los campos de batalla, ofrendando sangre y vida por su rey y por su pueblo. O los bailes majestuosos en las cortes y palacios,
 donde más de una doncella entregó su corazón al caballero más gallardo, digno y apuesto. O aun mil cuentos de hadas, magos y zahories, fuentes de fina porcelana, manantiales y jardines, lagos encantados y castillos de cristal.

Siendo aún muy pequeñita, según me contaba un criado tan viejo que hasta su nombre el pobre ya había olvidado,
 su padre por ambición o por falsa protección o quizás por tradición, diola un día en matrimonio al infante Fritzigonio,
 hijo del rey Baldomero, poderoso gran monarca que tenía sus dominios al otro lado de las montañas,
 siendo no muy bien apreciado por su grey en la comarca.

No hubo nada de extrañarse por semejante actuación, ya que este caballero,
 ambicioso y marrullero, era amigo entrañable del monarca Baldomero.
 Poseídos por la codicia de unir poder y fortuna, acordaron con crudeza
 por riqueza y vanidad exponer de sus retoños amor y felicidad para lo cual
 se prometieron el uno al otro con perfidia y entre gran algarabía del doncel y la
 doncella al alcanzar de edad la mayoría con arreglos especiales realizar los
 esponsales para así un día no lejano, con el poder en la mano por la unión
 de los dos reinos, dominar al mundo entero. Esos eran los deseos del padre de
 la princesa Diamantina y el perverso rey Baldomero.

Así quedó constatado en el libro de oro real: "La princesa Diamantina y el príncipe
Fritzigonio, al cumplir los veinte años, se unirán en matrimonio.
Es voluntad de Nosotros, monarcas de los dos reinos, que en este contrato real, además de ser amigos,
actuamos como testigos. Firma el padre de la novia gobernante de Monrovia, el rey Obduvio Primero, después estampa su firma el monarca Baldomero.

II

Rudovico era un buen mozo, atlético, musculoso, de porte esbelto y hermoso,
tenía el puesto de lancero y era siempre el primero en lo que a hazañas atañía.
Del Real Ejército, un verdadero ejemplo, oficial de gran valía, andaba con gallardía
y además de ser soldado era un bardo consumado. Cantaba bellos poemas a las puertas y balcones, tras los cuales más de una doncella escuchó.
Y era como el ruiseñor con su canto a flor de pico... él llevaba a flor de labios dulces poemas de amor.
El excelso Rudovico.

Cierto día, el gran lancero desfilaba por las calles después de haber conquistado
nuevas tierras para el reino venciendo en fiera batalla a las hordas de Vitrayes.
Cabalgaba en su corcel recibiendo los honores de damas y de altos lores, que en
su euforia rendían homenajes a granel al autor de tanta gloria, con el grito de
¡Victoria! para el reino y el doncel.

Mas de pronto la mirada de una niña entusiasmada en sus ojos se posó.
Desde el balcón adornado con lujosos cortinajes, estandartes y banderas,
lanzas, espadas, escudos y yelmos con penachos de colores que matizaban
graciosamente con la ropa de la gente y un sinfín de bellas flores.
Al instante como un rayo, sus miradas se cruzaron, bella música celeste en sus
mentes escucharon; Rudovico en su ansiedad y en la fiebre de su anhelo,
recibió aquella mirada que era como un jirón de cielo y en la magia del momento
en que sus almas se unieron, nació el bello sentimiento de amor, su juramento
y promesa que se hicieron.

Un clavel rojo encarnado, que del balcón fue lanzado por la mano alabastrina
de la bella Diamantina, fue a descansar esplendente en el pecho del valiente
como un galardón de honor de la dama a su valor y en sus pétalos llevaba
un beso puro y ardiente del alma que fue hechizada por la magia del amor.

Desde ese día hermoso, Rudovico y Diamantina se citaron en secreto.
Unas veces junto al río de corriente cristalina, otras bajo la frondosa sombra
de la centenaria encina y, aspirando la fragancia de las rosas y jazmines,
se miraban día a día del palacio en los jardines.

Los versos cual melodías brotaban de su garganta con inspiración divina;
Rudovico canta y canta dulces poemas de amor a su amada Diamantina.
Y en el balcón por las tardes se inspiraba complaciente:

"Los reflejos vespertinos del ocaso iridiscente
iluminan los contornos de tu rostro bienamado
y le dan a tu mirada esa luz magnificente
que a mi ardiente corazón a cautivado".

¡Oh, mi amada Diamantina! A mi corazón ilumina el fulgor de tu mirada,
yo sé bien cuánto me quieres y que a mi alma nunca engañas…
Y embebido continuaba:

"Con tus ojos de luceros a mis ojos de luz bañas,
ojos que me acarician con el plumero de sus pestañas"

Pero un aciago día, desafortunadamente y por maldad de la gente,
el romance de su hija, la princesa Diamantina, con Rudovico, el lancero,
llegó a oídos de su padre, el rey Obduvio Primero.
Y a pesar de las riquezas, fama, honores y tierras que Rudovico ganara
a fuerza de mil batallas, en los campos y en las sierras,
luchando con cuerpo y alma, con fe y denodado empeño
siempre buscando victoria y para el reino la gloria,
Obduvio montado en cólera, olvidando los servicios y los grandes sacrificios
de su más fiel caballero, dio órdenes imperiosas, órdenes realmente odiosas,

del doncel pronta captura; y cargado de cadenas de los pies a la cabeza
suspirando con tristeza, maltratado y humillado por verdugos sempiternos,
miembros de su propia escuadra
que solo momentos antes fueran fieles subalternos,
fue lanzado sin piedad, de las mazmorras al fondo, con saña y pasión artera,
destruyendo sin razón, del héroe los dulces sueños, su felicidad y brillante carrera.

Esa fue la reacción y traidora solución que el padre de la Princesa practicó
sin entereza para guardar la promesa que un mal día formulara guiado por el
demonio, dando a su hija en matrimonio sin meditar un momento en sus propios
sentimientos, al hijo del rey Baldomero, el príncipe Fritzigonio.

Mientras tanto Diamantina, enterada por un paje de su amado el cruel ultraje
y canalla humillación que su padre realizara, palideció como un lirio, lloró mucho
hasta el delirio y perdiendo el entusiasmo, con profundo sentimiento,
fue a un rincón de su aposento a beber gota por gota de su alma el cruel tormento.

Rudovico en la mazmorra meditó noche tras noche, pero su alma fue tan grande
que no profirió ningún reproche acerca de la ingratitud, del monarca la actitud,
de su raciocinio insano... únicamente pensó:
¿Hasta dónde ha de llegar la maldad del ser humano?

Por su parte, el rey Obduvio maquinaba su venganza sin ningún remordimiento,
mucho menos sentimiento. Incapaz de discernir, le importaba poca cosa
de su hija el porvenir y con todo desamor e inundado de rencor administraba
justicia por lo que él llamaba: Honor.

III

El día estaba esplendente, y desde la madrugada asistía mucha gente
viniendo por los caminos de villas y pueblos vecinos, de muy distantes comarcas
y de lejanas ciudades, pues grandes festividades se habían ya preparado
para la celebración que exigía la ocasión del fausto acontecimiento,
como era el recibimiento de la corte de Anafores.

Nobles damas, caballeros, oficiales y altos lores, bellas doncellas, apuestos
donceles, juglares y trovadores, además de bailarinas con sus trajes de colores
luciendo con elegancia guirnaldas de lindas flores.
Rodeado de guardias reales, lanceros y oficiales, lujosamente ataviado
con su capa rojo escarlata bordada de oro y plata, luciendo su corona
colmada de pedrería, rubíes, perlas y diamantes, todo una maravilla,
se encontraba el rey Baldomero mostrando parte de su patrimonio...

y a su lado acompañándolo, el príncipe Fritzigonio.
Era el día convenido por los viles gobernantes de cumplir la cruel promesa
que años antes formularan; y aunque con zalamería el uno al otro se tratara,
no era más que hipocresía de los míseros tunantes.

IV

Gosette, fiel servidora, dama de compañía, camarera competente así como
confidente de la dulce Diamantina, asistía a esta a toda hora, pues ella la había criado como si fuera su madre desde que un día en mala hora, la reina,
en un loco alarde de maestría al montar, quiso saltar un obstáculo
a costa del sacrificio de su brioso corcel, yendo a dar al fondo del precipicio
donde falleció con él.

Los guardias de la mazmorras tenían en alta estima a Cossette, la doncella,
por su espontánea bondad, así como por los servicios que de ella recibieran
en distintas ocasiones; pero más que todo amaban su trato amable y sencillo
y su sincera amistad. Además, idolatraban con absoluto respeto y mística devoción
a su admirada princesa y miraban con suma tristeza la suerte tan peregrina
que por la ambición del rey le tocara injustamente a su amada Diamantina.

Por lo tanto en el instante en que Cossette pidiera, después de estudiado plan,
ayuda para el escape de Rudovico el valiente de aquel presidio inclemente,
con inmensa satisfacción y no menos emoción, escuchó las voces fuertes
de promesa y adhesión de estos fieles servidores que ofrendando sangre y vida
prepararían al héroe de las mazmorras la huida.

Y así fue todo planeado con precisión absoluta, Rudovico y Diamantina
se reunirían en una previamente escogida gruta para luego pronto partir,
olvidando su dolor, a otras tierras de bonanza vislumbradas allá en lontananza.

Mientras tanto en el palacio, todo era algarabía, se bailaba, se cantaba, se comía,
se bebía; había justas de lanceros, luchadores y guerreros. Atractivas odaliscas
danzaban con maestría, juglares y trovadores desplegaban todo su arte
y muchas hazañas de guerra e historias de amor se cantaban en honor
a aquellos nobles, damas y altos lores de la corte de Anafores.

V

Fue justo en la madrugada cuando el silencio reinaba que Rudovico el lancero
ayudado por los guardias, después de horas horrorosas logró huir de las mazmorras y montado en un corcel preparado previamente

y con su espada en el cinto, salió raudo del recinto rumbo a la ansiada gruta
donde con pasión divina lo estaría esperando su adorada Diamantina.

Pero, desgraciadamente, la traición se hizo presente como un feroz diluvio,
lanzando este plan valiente a los oídos del rey Oduvio.
Un lancero de la escuadra del glorioso Rudovico que aceptó gustosamente
colaborar con la fuga reveló los pormenores de tan estudiado plan,
pues siempre había envidiado todos esos galardones, honores y distinciones
que su jefe recibiera en numerosas ocasiones.

El rey Obduvio furioso envió a su ejército entero tras los guardias desleales
y tras el noble lancero. Y atrapados en la gruta donde se habían reunido,
con su gran sueño truncado y sin otra alternativa, hicieron frente a las hordas
luchando con alma y vida.
Y cantan los trovadores de Rudovico la gloria, pues es la mejor batalla que hoy
registra la historia...
Uno tras otros cayeron abatidos por el filo de su espada vengadora
y en un momento oportuno, cabalgando con su amada escapó de aquel horror,
mientras sus fieles seguidores cubriendo su retirada,
entregaban sangre y vida por aquel sublime amor.
Salvado todo peligro, después de larga jornada, cuando los pajarillos cantan
en la madrugada, Rudovico y Diamantina se arrullaron en silencio

sin lamentar ya su suerte prometiéndose mutuamente
separarse únicamente al llamado de la muerte.

Fue en aquel instante de mística candidez cuando al rostro del lancero lo invadió cruel palidez... e inclinando la cabeza se desplomó lentamente en medio de su
ansiedad de luchar inútilmente contra su debilidad.

Una flor roja posada en el pecho del doncel, que dibujara su sangre al ser herida
su piel por la flecha traicionera que lanzara algún canalla durante la heroica gesta
de su última batalla, mostraba con timidez la tragedia presentida
por donde gota por gota se le escapaba la vida.
Y fue así como en los brazos de su adorada princesa, el arrogante guerrero,
conquistador de naciones, triunfador de mil batallas y dueño de mil galardones
con su sublime alma de poeta, sensitiva, enamorada, cantó sus últimos versos
al oído de su amada...

"Si de hoy en adelante tu existencia es un tormento,
fija tu triste mirada en lo azul del firmamento;
una estrella desde lo alto te enviará valor y calma...
¡Oh, mi dulce Diamantina!
será ella mi propia alma".

... Y entornando la mirada exhaló su último aliento, aprisionado en su mano

de poeta y de soldado, el clavel rojo encarnado con el beso enamorado
que un feliz día fuera lanzado desde el balcón festonado
por la mano alabastrina de su amada Diamantina.

VI

A través de las rejas de la enorme mansión, una tarde gris de presencia invernal,
   yo pude ver asombrado movimiento de gentes, cortinajes de luto
y un ambiente no usual.
Era una ceremonia llena de melancolía, enmarcada en el ambiente
   de tristeza de aquel sombrío día.
Rodeado de personajes sobre festonado banco, estaba en seda bordado
   un féretro blanco; sobre él lucía mustio un clavel rojo marchito
con un beso entre sus pétalos que apuntaban hacia el infinito...
donde las almas se unen, donde la maldad termina,
donde están por siempre unidos
Rudovico y Diamantina.

Recordando la historia de tragedia y pasión,
así como la gloria de perdida ilusión,
   yo no pude evitar un sentimiento de pena, de tristeza infinita,
de profunda emoción... y una lágrima ardiente de mi alma brotó
a través de la cual pude ver en el fondo del jardín desolado,
   en un rincón obscuro y apartado, a una anciana encorvada
de apagada mirada
   que de tanto dolor no podía llorar.
Era ella la madre, compañera y amiga, cómplice de la fuga,
confidente y testiga de este drama fatal,

que sufría en silencio la triste despedida de su ama y señora a quien ella siguiera aquel aciago día en que el amor se fuera sangrando por la herida de una flecha mortal.

Ahí esperaba inerte el beso de la muerte... pálida silenciosa, sin ninguna querella
Cossette, la doncella.

Poemas religiosos

Divino Salvador del Mundo

*Dedicada a mi buen amigo
Roberto Fernández, con afecto.*

Hay un Rey poderoso en el cielo
que nos guía por sendas de luz,
es amor, es bondad, es consuelo,
y su nombre bendito es Jesús.

El sufrió por nosotros martirio
a través de su santa pasión,
y su sangre vertió hasta el delirio
en su afán de darnos redención.

¡Oh, Divino Salvador del Mundo!
que proteges siempre nuestro hogar,
tu amor es tan inmenso y profundo
como el cielo, la tierra y el mar.

Él es fuente de fe y esperanza,
es la voz de la eterna verdad,
es poder fortaleza y templanza,
es aliento, perdón y piedad.

Efraín López Rodríguez

Alabemos el acto sagrado
y adoremos con el corazón
al Señor que se ha transfigurado
con la luz de nuestra salvación.

¡Oh, Divino Salvador del Mundo!
Dios supremo de la humanidad,
por doquiera se cante la gloria
tu nombre hasta la eternidad.

A María

Dedicado a mi hermana María
Etelvina Gómez

Iluminan tu frente inmaculada
reflejos de un sol matutino,
más bella que la argenta luna,
¡Oh, Madre del Creador Divino!

Fulgor en tu dulce mirada,
sedas en tu cabellera,
tus labios dos rojos corales...
¿Qué Reina más bella y más blanca,
más pura y más santa el cielo nos diera?

Un ángel anunció tu fruto soñado,
tus ojos brillaron con gran alegría
y celestes coros en lo alto entonaron
notas armoniosas de una melodía.

¡Oh!, Virgen castísima, mi fe y mi consuelo,
que diste a la luz al Rey de los Reyes,
hoy eres la Reina bendita del cielo
y todos tus fieles te enviamos un ruego.

Efraín López Rodríguez

Socorre a este mundo, dadnos protección,
que en nubes tranquilas a ti llegará
el humo oloroso de inciensos y mirras
con las gratitudes de mi corazón.

CANTEMOS JUNTOS LA GLORIA

Cantemos juntos la Gloria
de amor, ternura y bondad,
que está grabada en la historia
de toda la humanidad.

La historia de Jesucristo
que por nuestra salvación
murió clavado en la cruz
para darnos redención.

Es por eso que debemos
alabar su santo nombre,
es por eso que debemos
adorarlo con fervor.

Porque un día no lejano,
en las puertas de su reino
nos dará la bienvenida
a la gloria celestial.

Poemas en inglés

Mary

(Acrostic)

Magic is your pretty name Mary

Amazingly musical and terse,

Resemblance of a sweet melody

You speak it, and it becomes a verse.

Heaven is the source which provides

Always with delicate art

Sunshine in your tender eyes,

Kindness in your loving heart;

Integrity and charm we have found;

Near you it's always the same,

Such a nice lady, such a nice name.

Efraín López Rodríguez

Just a dream

In my dream
terrible dream
I saw you
as a Queen.

You were wearing
purple gown,
plenty of jewels
and golden crown.

It was magnificent!
but as a Queen,
you're being flattered
by the King.

And my heart
had the fear
of losing you
Oh, my dear!

But thank God
I awoke
and this was
a bad joke.

You're still mine
it's just a dream
but for me,
you are a Queen!

Efraín López Rodríguez

LITTLE ANGEL

*To my great-granddaughter Violet
Grace
with love.*

An angel came down from heaven,

she was sent by our good Lord

to bring us here on earth

happiness, joy and plenty of love.

Because flowers are symbols of beauty

and God put charm on her pretty face,

that's why she has been named

Violet Grace.

I DON'T NEED A VALENTINE

I love the whole world, Oh yes! I really do…
but most of all I love you, and you, and you, and you.
When I see the flowers bloom, and I feel deep their perfume,
that is love to me…and I say The world is fine
I don't need a Valentine.
When I hear a baby's cry and a mother's lullaby,
that is love to me…and I say The world is kind
I don't need a Valentine.
When I look up to the sky, sunshine at day, moonlight at night,
that is love to me…and I say The world is mine
I don't need a Valentine.
The fragrance of a flower, the singing of a bird,
the smile of a child, the twinkling of the stars,
the colors of the rainbow, the whistling of the wind,
the whiteness of the snow, the greenness of the grass,
the breeze of the sea, the blue of the sky.
All of this is love to me and I keep it in my mind
I don't need a Valentine.
So, I love the whole world, Oh yes, I really do…
but most of all I love you, and you, and you, and you.

As published by
The National Library of Poetry

Efraín López Rodríguez

Flower of illusion

*Dedicated to my adorable daughter
Elsa Ileana
on her birthday.*

(Translation from the Spanish language)
In the garden of my life
a great variety of flowers bloomed,
daisies, magnolias, white lilies
and carnations of many colors.

But even with all that beauty
my garden was gloomy,
it was not there the white Rose
that I cultivated in my dreams
as the sunlight that warms us.

Many long days passed by
and to the gardener I asked
to show me the path to follow
so I could find this white flower
that would enlighten my life.

I walked down to many roads,
I visited a lot of rich mansions,
but I sadly could never find
the flower of my illusions.

When I was about to give up,
I retired to meditate,
my heart was completely broken
and my tears shedding down.

Then, one enchanted night of April
while my anguish was hurting me,
I could hear from far above
a sweet and celestial melody.
It was an Angel proclaiming
among perfumes and flowers
the existence of a beautiful Rose
the very Rose of my dreams.

Since that day in my garden
there are joy and happiness…
Daisies, magnolias, white lilies
and on a sacred altar my white Rose.

Efraín López Rodríguez

Our best friend, the tree

As published by
The National Library of Poetry

The tree is our best friend.
It is our companion since we were born until we die.
It adorns our woods, mountains and parks,
and it is very useful to mankind.

From the branch of a tree, our cradle was made,
and from its generous trunk, we obtain,
throughout our lives, furniture and commodities.

Jesus was a carpenter and perhaps, from him,
the tree had learned to give,
to give always without expecting any reward.

That's why we have to respect it.
That's why we have to cherish it
To protect it, to love it.

Let us not climb on its branches, so we will not harm it.
Let us prevent forest fires, so it will not get burnt to ashes.
Let us defend it from the criminal ax, so it will not get
chopped down.

And never let us forget that this wonderful friend
is so attached to our lives
that as from its branches, our cradle was made;
from them will also be made the
coffin that will keep our remains.

CHRISTMAS MESSAGE

In every home Christmas Eve smells Joy and Peace.
The colorful lights are always on, the incense delivers its mystic clouds
in gusts of scent and the Christmas decorations with their presence of princesses
of Orient put a string of love around the Christmas Tree; the stars look like
bronze angels tattooing of charm the celestial skin of the night;
the grapes are sweet tears in the evermore fresh bunch of our childhood
memories; the wine opens its red door to the smile and frank embrace;
the stars have crystal bodies and slide themselves upon the clouds
escorting proudly the sleigh of Santa Claus.

Let's hope this night raises from the human hearts the marvelous image of peace.
So be it this sincere message the augury of much happiness and many dreams come true.
Let's hope that this Christmas leaves in all and every home the best of the
presents:

HAPPINESS AND LOVE.

LADY

(Acrostic)

Myriad of stars in the sky

Infinite power of the sea,

Looking up I wonder why

Displays mother nature this to me…

Reasoning I conclude and not in vain,

Everything is beautiful indeed!

Depicting the seven letters of your name.

You

(Acrostic)

Soft murmur of a song

Harmoniously sung

Emulating angels chorus…

Ringing of bells in the deepest of my heart,

Reason of its happiness and balm for its pain,

Your beautiful green eyes and your musical name!

Efraín López Rodríguez

NEW YEAR WISH

(Acrostic)
Sincerely I wish you

Happiness in the New Year,

Everything comes true

Rewarding you for being dear.

Ring the bells of joy and peace

You are so good as nobody is.

ÍNDICE

Poemas patrióticos — 5

    A ti, mi bella guatemala — 7

    Bandera de mi patria — 8

    El quetzal — 9

    Monja blanca — 10

    La marimba — 11

    Tecún Umán — 12

    Esta banda militar — 13

Poemas de amor — 23

    Ausencia — 25

    Eternamente — 26

    Un soneto para ella — 27

    El beso que te robé — 28

    Lágrimas — 29

    Tu cabello — 30

Sueño de ilusión	31
Felicidad	32
Una rosa	33
Penitencia	34
Fuente fría	35
El día de San Valentín	36
Ese llanto mío	37
Cómo quisiera	38
Ilusión	39
Chapincita	40
Soledad	41
El beso	42
Pretende que me amas	43
Dulce sueño	44
Dolor eterno	46
Cavilaciones	47
Tu nombre	49
Despedida	50
Brotó una lágrima	52
Nuestra boda	53
Tus ojos	54

Recuerdos de Sequoia 56

De Rudovico y Diamantina 61

Momento de adiós 62

Verdemar 63

Tu retrato 64

Yo no necesito el día de San Valentín 66

Cuando tú te vayas 68

Quisiera saber 69

Poesía libre 71

Nostalgia 73

Un soneto para mi madre 74

Mi pensamiento 75

Mi guitarra 76

El cisne 77

La reina de la noche 78

A una fuente cantarina 79

Muñeca de trapo 80

Las flores marchitas 81

Sigue adelante poeta 82

De poeta a poeta 84

Año nuevo, vida nueva 87

Flor de ilusión	88
Lluvia	90
Oración	92
Música	93
Poesía	94
Los niños vagabundos	95
Una gata llamada Shana	96
Noche	97
Al poeta triste	99
A una reina	101
La muerte de un pájaro	104
Compensación y retribución	105
El gavilán y las palomas	106
Amor felino	107
A una presumida	110
Viejo amigo	112
Saludo de navidad	116
Mensaje de navidad	117
Nuestro mejor amigo, el árbol	118
El billete del abuelo	120

Poema épico	125
Rudovico y Diamantina	127
Poemas religiosos	141
Divino Salvador del mundo	143
A María	145
Cantemos juntos la gloria	147
Poemas en inglés	149
Mary	151
Just a dream	152
Little angel	154
I don't need a valentine	155
Flower of illusion	156
Our best friend, the tree	158
Christmas message	159
Lady	160
You	161
New year wish	162
Editorial LibrosEnRed	169

Editorial LibrosEnRed

LibrosEnRed es la Editorial Digital más completa en idioma español. Desde junio de 2000 trabajamos en la edición y venta de libros digitales e impresos bajo demanda.

Nuestra misión es facilitar a todos los autores la **edición** de sus obras y ofrecer a los lectores acceso rápido y económico a libros de todo tipo.

Editamos novelas, cuentos, poesías, tesis, investigaciones, manuales, monografías y toda variedad de contenidos. Brindamos la posibilidad de **comercializar** las obras desde Internet para millones de potenciales lectores. De este modo, intentamos fortalecer la difusión de los autores que escriben en español.

Ingrese a **www.librosenred.com** y conozca nuestro catálogo, compuesto por cientos de títulos clásicos y de autores contemporáneos.

www.ingramcontent.com/pod-product-compliance
Lightning Source LLC
Chambersburg PA
CBHW021759230426
43669CB00006B/130